CONSIDÉRATIONS GÉNÉRALES

A PROPOS DU

QUESTIONNAIRE

DE

M. LE MINISTRE DES FINANCES

SUR LE

Mode de taxation des Revenus commerciaux et industriels

Extrait de la *Revue économique de Bordeaux*
(novembre 1894).

BORDEAUX

IMPRIMERIE G. GOUNOUILHOU

11, RUE GUIRAUDE, 11

1894

CONSIDÉRATIONS GÉNÉRALES

A PROPOS DU

QUESTIONNAIRE

DE

M. LE MINISTRE DES FINANCES

SUR LE

Mode de taxation des Revenus commerciaux et industriels

Extrait de la *Revue économique de Bordeaux*
(novembre 1894).

BORDEAUX

IMPRIMERIE G. GOUNOUILHOU

11, RUE GUIRAUDE, 11

1894

RÉSUMÉ ANALYTIQUE

CONSIDÉRATIONS GÉNÉRALES

A PROPOS DU

QUESTIONNAIRE

ADRESSÉ AUX CHAMBRES DE COMMERCE

Par le Ministre des Finances

——————— •◦• ———————

Note adressée à M. le Député POINCARÉ, Ministre des Finances

———

Je n'ai aucun titre pour parler de ce Questionnaire, car la Société à laquelle j'appartiens (¹) ne peut être réunie à cette époque de l'année ; néanmoins et vu l'urgence, je crois qu'il est de mon devoir de citoyen français de soumettre à M. le Ministre des finances, à ce sujet, quelques considérations personnelles.

Le Questionnaire, il est vrai, ne touche à proprement parler qu'à une seule question ; mais cette question présuppose tout un système financier. Je me permettrai en conséquence, après avoir combattu le projet de surtaxer les divers revenus et même les successions, d'indiquer par quels moyens on pourrait, selon moi, équilibrer désormais nos budgets, d'une façon stable et définitive, sans qu'on soit obligé chaque année de se mettre en frais d'invention pour parvenir à ce résultat.

Il faudrait tout d'abord essayer de mettre un frein à la tendance personnelle de chaque député à provoquer des dépenses nouvelles. Un des premiers moyens serait d'assurer la prépondérance effective du Ministre des finances dans le Gouvernement ; celui-ci obligerait la Commission des finances à rester dans ses attributions naturelles consistant à examiner les propositions du Ministre, mais non à empiéter sur ses prérogatives.

(¹) La Société d'économie politique de Bordeaux.

Il est indispensable, en second lieu, que toute loi due à l'initiative d'un député, susceptible d'entraîner une dépense nouvelle, même lointaine, soit soumise au Ministre des finances; et que celui-ci, après en avoir délibéré avec le Gouvernement, ait le droit de l'écarter pendant la session courante.

Ces prérogatives doivent appartenir de droit à tout Ministre des finances dans un gouvernement constitutionnel; sans quoi l'anarchie financière résulte forcément de la confusion de la responsabilité ministérielle avec la responsabilité anonyme du Parlement.

Avant de poursuivre plus loin cette étude, je crois devoir présenter une observation d'ordre général : je n'entends m'occuper que de la question financière; si parfois il m'arrive de toucher à la politique, ce ne sera qu'incidemment, pour demander une bonne politique afin d'arriver à une situation financière meilleure.

Les seize questions formulées dans le document adressé aux Chambres de commerce peuvent se résumer pour ainsi dire en une seule, qui est la suivante : Par quels moyens le commerce et l'industrie pourraient payer à l'État des suppléments de taxes sur leurs divers revenus et comment arriverait-on à les connaître exactement? Serait-ce par la déclaration ou par la production des livres de commerce?

Je puis répondre en toute sincérité : jamais le commerce et l'industrie ne se soumettraient à une pareille inquisition; non pas parce qu'il répugne toujours au contribuable de payer des taxes nouvelles, mais par la seule raison que ces procédés répugnent à nos mœurs; c'est précisément en souvenir des tracasseries intolérables de l'ancien régime que les Constituants de 1791 insistèrent formellement pour en affranchir désormais la personne devenue libre, et pour ne taxer que les biens apparents de chaque citoyen.

Du reste, il n'y a rien de variable comme un bénéfice commercial et industriel; il arrive souvent que ce bénéfice est nul, et trop souvent aussi que le résultat d'opérations nombreuses se traduit par des pertes.

Songe-t-on aux inconvénients de toute nature (en face de la concurrence si active) qui seraient la conséquence de la déclaration ou de la production des livres? On sait déjà combien les secrets d'État sont difficiles à garder : que serait-ce d'une déclaration qui passerait sous les yeux de toute une administration?

Une phrase très expressive d'un discours prononcé récemment par M. le Ministre des finances, me donne la clef du noble mobile qui l'a fait agir quand il a cherché à atteindre les revenus soustraits au paiement de tout impôt; cette phrase est celle-ci : « La richesse acquise doit alléger les charges de la pauvreté. » Il aspire évidemment à réaliser plus de justice dans la répartition des charges publiques.

C'est assurément un noble but, mais il convient d'examiner si les moyens entrevus dans le Questionnaire ne seraient pas de nature, au contraire, à aggraver le fardeau très lourd qui pèse sur la pauvreté?

Si, en effet, on jette un coup d'œil sur les programmes des divers partis qui composent la nation française, tous ces programmes paraissent aspirer à cette juste répartition des charges publiques; mais si on examine de près les actes de ces divers partis, sauf d'heureuses exceptions dans chacun d'eux, on constate avec étonnement que chacun de ces partis aspire à des traitements de faveur au détriment des autres.

Voici quelques exemples à l'appui de cette assertion : c'est à une coalition d'intérêts privés que sont dus les tarifs de 1892, si désastreux pour la nation; ils ont détruit en fait la liberté du travail si chèrement conquise en 1789, et reconstitué, sans que le pays s'en doute, de véritables fiefs en faveur de quelques grosses industries (¹).

Au nombre des partis, je n'entends pas comprendre celui qui s'appelle socialiste-collectiviste, parce qu'il a des conceptions fantaisistes et surtout violentes; il a en outre des visées internationalistes qui obligeront toujours un gouvernement régulier à le traiter en ennemi et à le combattre par des armes spéciales.

Mais il en est un autre que je redoute davantage parce qu'il se dit libéral et progressiste : c'est celui à la tête duquel s'est placé récemment l'héritier d'un grand nom historique, et qui n'a pas craint de violer dans son programme, défendu en pleine tribune, le principe le plus fécond de la Constitution de 1791, celui de la *proportionnalité de l'impôt.* Il a non seulement demandé l'impôt *progressif,* c'est-à-dire tout l'arbitraire de l'ancien régime, pouvant aller, selon la volonté des gouvernements, jusqu'à la confiscation; mais il a poussé l'oubli des principes et de la plus élémentaire justice jusqu'à constituer en bas une aristocratie nouvelle absolument soustraite aux charges communes.

En présence de prétentions pareilles de la part des principales fractions du Parlement, on se demande ce que sont devenus en un siècle à peine les grands principes de la Déclaration des Droits.

Hélas! ils ont sombré sous l'égoïsme des *corporations nouvelles,* qui

---

(¹) La métallurgie, les charbonnages, la filature, la grande agriculture, les fabriques de produits chimiques, etc., etc.

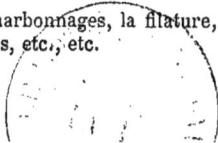

ne songent qu'à leurs intérêts privés; elles ont ainsi perverti les masses au lieu de leur donner l'exemple des devoirs sociaux; et par leur faute notre pays s'est détourné de l'idéal de paix et de justice qu'avaient entrevu nos généreux ancêtres de 1789.

La situation qui nous est faite en France se trouve ainsi nettement établie : aucun parti ne semble franchement vouloir l'équitable répartition des charges qui nous a été prescrite par les grands Constituants de 1791.

Les hommes d'État seuls, qui savent prévoir, sont capables, avec l'aide des minorités libérales et une ferme volonté, de doter notre pays de ce grand bienfait, consistant dans la suppression graduelle des nouveaux privilèges créés par nos Chambres législatives en faveur de petites minorités.

Ce sont en effet ces privilèges, comme je vais l'établir, qui ont rompu l'équilibre des charges entre les citoyens, et non le système des impôts créés par les Constituants; certes, les méthodes de perception sont perfectibles, mais les principes en vertu desquels ces impôts ont été établis sont définitifs, et ne peuvent être changés tant que subsistera la liberté sur laquelle reposent nos nouvelles institutions.

Cela bien établi, je vais examiner si la *richesse acquise,* selon le vœu exprimé par le Ministre des finances, n'allège pas suffisamment *les charges de la pauvreté.*

Ces charges fiscales de la fraction la moins fortunée de la nation, quelles sont-elles en réalité?

Ce ne sont pas les impôts directs qui rendent sa situation malheureuse, car cette partie de la population française ne possède pas de propriétés; elle a à peine, en sus de son vêtement, quelques outils et quelques meubles. Ce qui, au contraire, augmente sa gêne, ce sont les impôts indirects qui atteignent la plupart de ses consommations.

Les impôts indirects de l'État, qui ne profitent qu'à lui seul, tels que : les droits sur les liquides hors des villes, sur le café, sur le thé, le cacao, le poivre, etc., etc., ne pèsent pas très fortement sur cette catégorie de consommateurs parce que, malheureusement, ses moyens d'achat sont fort restreints.

Mais le fardeau le plus lourd pour les pauvres gens, il faut avoir le courage et la franchise de le dire, c'est le tribut énorme qu'ils sont forcés de payer à ceux de nos concitoyens généralement fortunés, qui bénéficient des privilèges à eux octroyés par les tarifs douaniers; en effet, tout ce que nos concitoyens pauvres consomment en fait de pain, de viande, de graisse, de piquette de raisins secs, de vêtements, de meubles, d'outils de toutes sortes, d'ustensiles de ménage, de bois de chauffage, de matériaux de construction, se trouve renchéri artificiellement dans l'ensemble, au moins d'un tiers; de sorte que si une de ces pauvres familles parvient, en travaillant beaucoup, à encaisser en un an mille à douze cents francs de salaires, elle est forcée de payer sur cette maigre recette trois ou quatre cents francs, à titre de dîme, aux nouveaux seigneurs de la démocratie; et le plus triste, c'est de voir la majorité des représentants officiels de cette démocratie effectuer eux-mêmes cet injuste prélèvement pour le servir à leur riche clientèle.

A ce fléau, voulu par la majorité de nos législateurs, s'en ajoute un autre pour ces pauvres familles quand leur chef vient à mourir; si, en effet, quelques-uns de ces chefs de famille sont parvenus, à force d'économies, de privations et de bonne administration, à acheter un lopin de terre et à construire une échoppe d'une valeur totale de cinq cents francs à mille francs, quelquefois de douze ou quinze cents francs, tout cela est absorbé, et parfois au delà, par le fisc et surtout par les frais exagérés des officiers ministériels. Ces faits sont de notoriété publique : il disparaît ainsi de ce chef chaque année, en France, un immense capital qui ne produit plus rien.

J'exprime un vœu en passant : c'est qu'une loi intervienne pour déclarer que ces petites propriétés seront liquidées sans frais par l'intervention du juge de paix et du maire de la commune avec la coopération du représentant local du ministère des finances.

Je crois avoir indiqué à M. le Ministre des finances que le moyen de faire alléger par la richesse les charges de la pauvreté n'est pas difficile à découvrir : il ne consiste pas à remanier nos impôts pour les aggraver encore, mais bien à restituer à cette pauvreté, en y mettant quelques années pour éviter une perturbation trop grande, la grosse part d'impôt prélevée indûment sur elle au profit d'une oligarchie qui ne donne absolument rien en échange.

Parlons maintenant de la richesse.

Une certaine école professe une haine aveugle contre les fruits de l'épargne : est-ce haine ou envie? Je suis tenté de croire à l'envie, car cette école laisse trop percer l'ardent désir de s'emparer, sous couleur de raison d'État, de toute la richesse de la société; mais, pour rentrer dans mon sujet, est-il vrai que l'épargne, plus connue dans le monde socialiste sous le nom abhorré de *capital,* ne supporte pas sa part légitime du fardeau budgétaire?

J'étonnerai probablement beaucoup les chefs de cette école venue d'outre-Rhin, en affirmant qu'en définitive, le capital national pris dans son ensemble, paye en fait la totalité de notre budget de trois milliards et demi.

Ne disait-on pas sous l'ancienne monarchie, avec beaucoup de justesse, que *là où il n'y a rien le Roy perd ses droits?*

Ce proverbe est toujours vrai : le fisc ne peut rien tirer du néant; il ne trouve à glaner que là où il y a vestige de capital. Pour que l'État puisse percevoir quelque chose, il faut un capital visible sous une forme ou sous une autre.

Toutefois, puisque l'État pourvoit à la sécurité de tous, riches et pauvres, il a voulu que chacun coopère, tant soit peu soit-il, aux charges communes; c'est dans ce but qu'il a établi des impôts indirects; mais on doit remarquer que ces impôts sont payés par la généralité des habitants du pays en raison de leurs consommations; en conséquence, les possesseurs d'un capital sont frappés deux fois : une fois par l'impôt direct et une autre fois par les impôts indirects. Les capitalistes ne sont donc pas tant épargnés qu'on le prétend.

Mais les ennemis de toute épargne allèguent que ses possesseurs la dissimulent afin de la soustraire à tout impôt.

Cette accusation n'est vraiment pas sérieuse, car les possesseurs d'un capital sont généralement avisés : or sur cent francs ils ne se priveraient pas d'un revenu de trois francs dans le but de se soustraire au paiement d'un droit de douze centimes à l'État.

Il est vrai qu'autrefois, quand il n'y avait pas de sécurité, on enfouissait l'or et l'argent disponibles. Cela se voit encore dans certains pays sauvages où les chefs s'emparent de force de ce que possèdent leurs sujets. Mais avec un gouvernement régulier, est-ce qu'un capital pourrait donner un revenu s'il ne se montrait pas d'une manière quelconque? Ici sous forme d'habitation, là sous forme d'usine, plus loin sous forme de terre ou de cheptel, ailleurs sous forme d'actions ou de contrats de toute nature? Ne voit-on pas de nos jours, au contraire, l'or et l'argent qui ne trouvent pas d'emploi avantageux, se réfugier dans les banques moyennant le faible intérêt de un pour cent l'an, et même sans intérêt à la Banque de France en attendant un placement rémunérateur?

Il n'est donc pas exact de dire que le capital ne se montre pas au grand jour dans un pays où règnent la sécurité et la justice; et dès lors le Gouvernement peut toujours en estimer le revenu.

Il serait plus vrai de dire que souvent le même capital est frappé plusieurs fois par le fisc; c'est même ce qu'il essaie de faire en ce moment en demandant un nouvel impôt sur le revenu ; je ne pense pas cependant qu'on puisse montrer un capital exempt d'impôts, en dehors de celui représenté par la rente de l'État ?

Ce dernier fait, anormal dans un pays de démocratie, encourage à rechercher la cause de ce privilège important, car en estimant l'intérêt de notre énorme dette à un milliard, l'impôt sur ce revenu représenterait une somme annuelle de quarante millions.

Dans les moments de crise l'État a voulu attirer les prêteurs par l'appât d'une prime consistant dans l'exemption de tout impôt.

On pourrait objecter qu'il existe aujourd'hui peu des porteurs primitifs de nos emprunts ; toutefois on ne manquerait pas de répliquer que les acheteurs de titres de seconde et de troisième main ont compté sur les promesses primitives de l'État.

Aussi j'estime que l'État doit maintenir la franchise de la rente ; du reste, chacun peut en posséder une part ; il y a en outre le correctif de la conversion qui a l'avantage d'être un impôt volontaire puisque l'État laisse l'option aux porteurs de garder leur titres ou de les convertir ; mais les porteurs acceptent généralement la conversion parce que l'abondance des capitaux en a déjà abaissé l'intérêt au taux proposé.

Il me semble qu'on peut tirer déjà quelques conclusions de ce qui précède :

En premier lieu, les principes établis par les Constituants de 1789 pour la perception de l'impôt ne sauraient être modifiés ni changés : les contributions doivent être *proportionnelles aux facultés* comme dans le contrat d'assurance, et porter sur les choses et non sur les personnes ;

En second lieu, il est certain que les revenus du capital national, à l'exception du capital de la rente de l'État, sont annuellement perçus d'après les principes rappelés ci-dessus.

Il n'est donc pas exact de laisser supposer que la richesse fait peser des charges injustes sur la pauvreté, en dehors du cas spécial signalé dans le fonctionnement abusif des tarifs douaniers.

Si donc on ne peut absolument enrayer l'accroissement alarmant des dépenses publiques, il n'est qu'un seul moyen juste d'équilibrer le budget, c'est d'augmenter dans la proportion voulue tous les impôts existants, jusqu'au jour où la Chambre des députés aura pris la ferme résolution de refuser le vote de cette catégorie de lois appelées *sociales* ([1]).

___

([1]) Les lois dites *sociales* procèdent de l'idée protectionniste, et produisent l'opposé de ce qu'on en attendait : on peut en juger par celles qui ont été déjà votées. Ce dont on est sûr, c'est la multiplication indéfinie des fonctionnaires.

En ce qui touche l'incidence de l'impôt, rien de plus difficile à découvrir : on peut

M. le Ministre des finances ne paraît pas disposé à adopter ce système pour combler les déficits du budget, car il propose de surtaxer
les héritages en adoptant une progression selon le degré de parenté. Il
peut malheureusement invoquer des précédents, car la question déli-
cate des successions, si bien envisagée par la grande Constituante, a
été tranchée d'une façon toute révolutionnaire par la Convention et
par les rédacteurs du Code civil. Mon intention n'est pas de m'étendre
sur ce sujet si controversé; je dirai seulement qu'il est extrêmement
périlleux pour le développement de la richesse en France de liquider
par périodes moyennes de trente à trente-cinq ans, tous les établisse-
ments si péniblement créés, et d'occasionner de tels frais à la suite des
frais de maladie et des funérailles, car la plupart des familles privées
de leur chef et de ses moyens d'action luttent péniblement pendant bien
des années avant de pouvoir travailler utilement. Si on aggrave une
situation déjà si pénible par des prélèvements progressifs qui ressem-
bleront dans certains cas à une sorte de confiscation, je me
demande ce que deviendront les familles atteintes de tant de côtés à
la fois.

J'ai lu le récent discours de M. le Ministres des finances à Commercy
et je redoute son projet de corriger certaines inégalités de fortune par
des surtaxes sur certains héritages importants : quel exemple va-t-on
donner aux socialistes en cessant de s'appuyer sur le principe de la
proportionnalité (¹) !

seulement affirmer que chacun en supporte la part qu'il ne peut comprendre dans le
prix de revient de ses produits; cette part que le contribuable ne peut rejeter sur
d'autre doit être généralement en rapport avec ce qu'il a dépensé pour son entretien
et pour son habitation.

C'est la raison pour laquelle il importe de toucher le moins possible aux impôts
fondamentaux, parce qu'on s'expose à en déplacer la charge d'une façon injuste.
Le mieux quand un système raisonnable de contribution a eu le temps de se répartir,
selon les lois inhérentes à la force des choses, c'est de les augmenter dans la proportion exigée par les nécessités budgétaires. On a ainsi la facilité, quand surviennent
les excédents, de restituer à qui de droit le montant de ces surcharges temporaires.

(¹) Au lieu de surtaxer les successions, M. le Ministre ne pourrait-il pas économiser
au chapitre des travaux des ports une somme très considérable? Il suffirait d'adopter
le système qui a si bien réussi dans les ports du Royaume-Uni; les ports s'adminis-
treraient eux-mêmes en établissant des droits locaux pour le remboursement des
dépenses, et de cette façon les étrangers paieraient leur part de dépenses effectuées.
(Voir les travaux si complets de M. J.-B. Pastoureau-Labesse, ingénieur de la marine,
en retraite à Bordeaux.)

Il y aurait possibilité aussi d'économiser une forte somme sur nos dépenses colo-
niales : les colonies devraient supporter tous les travaux qui servent à leur développement : la mère-patrie se bornerait à leur faciliter les emprunts. Le génie dépense
beaucoup dans les colonies en frais de fortifications; il semble qu'on devrait se borner
à la défense locale.

Enfin les canaux devraient se suffire moyennant un tarif modéré calqué sur les

J'approuve néanmoins le passage suivant de son discours :

« Certes nous ne croyons pas qu'il soit au pouvoir des sociétés de
» ménager à tous leurs membres un même lot de richesse ou un même
» lot de bonheur. Mais nous pensons qu'il est du devoir des législateurs
» de *ne pas accroître par des inégalités artificielles les inégalités natu-*
» *relles;* et si, notamment dans les questions fiscales, nous n'admettons
» pas que l'impôt ait pour objet d'opérer entre les citoyens une plus
» juste distribution des fortunes, nous ne saurions non plus compren-
» dre qu'il ait pour effet de créer des injustices ou d'aggraver des
» misères. »

Il importe, en conséquence, comme j'en ai plus haut exprimé le vœu,
de décharger les pauvres des taxes intolérables établies par les Chambres au profit de quelques riches industriels, contrairement aux pres-
criptions les plus formelles de la Constitution.

Le chiffre de ces charges injustes, qui ne sont pas perçues pour
l'utilité commune, est énorme; un orateur très compétent qui a autrefois dirigé nos finances, l'a estimé à la Tribune en 1891, à un
milliard et demi par an; et l'on n'avait pas aggravé, à ce moment, les
droits d'entrée sur les blés étrangers; mais l'incidence et la réper-
cussion de cette immense dîme portent le dommage actuel pour le
pays à des chiffres beaucoup plus effrayants, comme il résulte de
l'extrait suivant d'un article magistral du *Monde économique*, n° du
25 août 1894, intitulé : « Réforme de l'impôt. »

« Ce qui seul, dans notre opinion, pourrait motiver un nouvel
» impôt direct, c'est l'abolition du système protecteur. Pour dire
» franchement ce que nous pensons, nous ne pouvons considérer
» comme sérieux des réformateurs de l'impôt direct qui ne proposent
» pas d'abolir, ou tout au moins de restreindre considérablement
» l'énorme fardeau qu'impose la douane au travail et au bien-être du pays.

» Il y a quelque temps, un consul anglais calculait que le fardeau
» résultant pour la France du tarif Méline dépassait annuellement ce
» que coûta la guerre de 1870. Que l'on songe, en effet, aux entraves
» apportées au travail et au développement économique, à tout ce
» qu'on prend au peuple dans le seul but de provoquer une mauvaise

tarifs des pays voisins : il est injuste d'établir la gratuité des transports sur les
canaux, car certaines régions seules en profitent.

Dans la situation budgétaire très gênée dans laquelle nous sommes entrés, il est
inadmissible qu'on tolère plus longtemps la fraude légale des bouilleurs de cru : il y
a de ce côté plus de cinquante millions à récupérer. On doit maintenir aussi une
taxe modérée sur les boissons dites *hygiéniques,* car on éprouvera des déceptions
sur les recettes supplémentaires attendues de l'alcool.

» répartition de la production, sans parler de tout ce que l'on distribue
» à certaines personnes aux dépens de la masse, et notamment de tout
» le monde des travailleurs. »

Oui, voilà la vérité; il n'y a qu'une réforme vraiment sérieuse et
efficace à tenter en France : c'est celle que le président des États-Unis
essaie de réaliser contre le bill Mac-Kinley; de même chez nous, nous
devons réagir contre le régime désastreux inauguré en 1881 et com-
plété d'une façon si ruineuse pour notre pays, en 1892; il faut revenir
franchement aux traités de commerce de longue durée, et réaliser
l'évolution économique rationnelle que demandait le Congrès des
Chambres syndicales de France, à Paris en 1889; voici le texte de sa
délibération (¹) :

« Considérant que chaque branche de travail parmi nous a droit au
» même traitement, notamment à la faculté de se procurer des matières
» premières affranchies de tous droits de douane, faculté dont jouissent
» déjà quelques-unes d'entre elles.

» Que, dans l'état actuel de notre législation économique, il n'en est
» pas ainsi, et que les faveurs accordées à quelques branches du travail
» français constituent des charges pour les autres branches; qu'il y
» a lieu par conséquent, tout en apportant de sages tempéraments
» à l'accomplissement de l'évolution devenue nécessaire, de faire
» rentrer peu à peu toutes nos industries dans la voie large du droit
» commun.

» Par ces motifs, le Congrès émet le vœu qu'avant l'expiration des
» traités de commerce en cours, le Gouvernement entre en négocia-
» tions avec les diverses nations pour la conclusion de traités de com-
» merce, pour une durée de vingt années, sur les bases suivantes, les
» droits spécifiés au tarif général de 1881 étant considérés comme un
» maximum :

» 1° Les produits agricoles seront compris dans ces traités, afin
» d'armer nos diverses industries contre l'instabilité ruineuse érigée en
» système par le tarif général de 1881;

» 2° Les objets d'alimentation générale, ceux destinés à l'instruction
» publique et toutes les matières premières destinées à l'industrie
» seront affranchies de tous droits protecteurs au bout de dix années, à
» raison d'un dixième par année;

» 3° Tous les autres objets fabriqués seront affranchis des mêmes

(¹) J'ai l'honneur d'adresser à M. le Ministre le numéro exceptionnel de la *Revue
économique de Bordeaux* de décembre 1889 dans lequel se trouvent avec cette délibération des indications intéressantes, de la page 47 à la page 55.

» droits au bout de vingt années, à raison de un vingtième par
» année. »

Je le demande à tout homme compétent et vraiment impartial : si à
cette époque on avait écouté les vœux si sages des Chambres syndicales, combien notre situation serait aujourd'hui plus avantageuse au
point de vue économique et politique! Au lieu d'avoir diminué de
façon si pitoyable nos exportations avec les divers peuples de l'Europe
nous les eussions augmentées d'année en année et nos diverses industries, loin de décliner dans le marasme et le chômage, se fussent pro-
gressivement développées.

Mais ce qu'on n'a pas fait en 1889, nos Chambres, éclairées par une
triste expérience, peuvent le réaliser aujourd'hui sous l'impulsion d'un
Gouvernement prévoyant, fermement convaincu de l'impérieuse nécessité de l'extension de nos échanges.

Toutefois, en raison du temps écoulé depuis 1889 et de la majora-
tion des droits sur tous les objets du tarif général de 1881, et de l'ag-
gravation récente des droits d'entrée sur les blés étrangers, il y
aurait lieu de modifier cette délibération en ce sens que les substances
alimentaires devraient être affranchies dans l'espace de cinq années
et les produits fabriqués en dix années.

Les traités de commerce que demandaient les Chambres syndicales,
d'après ces bases, avec réduction successive de droits annuels, auraient
procuré aux contribuables, sans rien coûter à l'État, un dégrèvement
annuel de plus de cent millions ; et par le fait seul de ce dégrèvement,
les débouchés de nos diverses industries se fussent accrus d'une
somme égale chaque année; tous ces avantages, dont jouiraient nos
concitoyens si on réalisait les vœux des Chambres syndicales, peuvent
ainsi se chiffrer aisément ; mais combien d'autres avantages, invisibles
aux personnes non initiées, résulteraient de cette politique économique
rationnelle !

Ceux-là seuls qui souffrent du régime ruineux de 1892 peuvent s'en
faire une juste idée. Je vais essayer de le faire comprendre par un
exemple : Voici la Bourgogne qui a vu ses ventes de vins avec la
Suisse décroître des neuf dixièmes; le contre-coup de cet arrêt d'af-
faires n'atteint pas seulement les propriétaires de vignes; il atteint
aussi tous ceux qui travaillaient pour ces propriétaires à un titre quelconque, c'est-à-dire successivement, l'une après l'autre, toutes les
branches de ce travail national que l'on *protège* d'une si étrange
façon.

Toutes ces perturbations innombrables, inaperçues de la foule, seraient évitées avec le régime libéral des traités de commerce à long terme; et l'on obtiendrait encore un autre résultat probablement aussi important que ceux que je viens d'indiquer : nos agriculteurs et nos industriels, poussés par la nécessité de perfectionner leur outillage et de l'élever à la hauteur de celui de l'étranger, feraient des efforts incessants pour compléter leur instruction professionnelle dans chacune des branches de l'industrie nationale.

La France réduirait ainsi ses frais de production, tout en augmentant d'une façon *effective* les salaires dans toutes les branches du travail; elle y parviendrait naturellement et d'une façon inaperçue par l'abaissement du prix de revient des vivres et des produits fabriqués; et du même coup elle augmenterait beaucoup ses exportations, source incessante d'activité pour ses manufactures, parce que ses produits agricoles et industriels pourraient se présenter sans infériorité sur les divers marchés du monde.

Tel serait le moyen, le seul moyen dirai-je, d'alléger le fardeau écrasant qui pèse sur le pays et principalement sur les pauvres gens; on le verrait se relever d'année en année, comme un vaisseau qui émerge de l'eau à mesure de l'enlèvement de sa charge; et à partir de ce moment le pays supporterait allègrement le budget des dépenses communes; au lieu d'avoir sans cesse des déficits sur les évaluations, comme cela se produit depuis 1892, le Ministre des finances verrait renaître l'heureuse époque des excédents ininterrompus.

On ne peut se dissimuler que les finances de la France, depuis plusieurs législatures, sont mal gérées; chacune de ces législatures s'est proposé surtout de pourvoir aux nécessités du présent sans se préoccuper suffisamment des conséquences lointaines de ses actes; ces fâcheuses conséquences deviennent menaçantes : le temps est donc venu pour le Gouvernement de prendre résolument en mains l'intérêt national et d'imposer silence aux ambitions vulgaires.

La France est un puissant pays, capable d'amortir sa dette et de suffire amplement à tous les services nécessaires; mais c'est à la condition d'utiliser ses ressources d'une manière judicieuse et d'éconduire les parasites de tout ordre et de toute qualité.

La grande majorité de la nation, s'il en était besoin, répondrait à tout appel constitutionnel que pourrait lui adresser le Président de la République avec l'assentiment du Sénat.

Cet appel serait certainement superflu si une majorité compacte soutenait invariablement le Gouvernement. — C'est à celui-ci de juger et d'aviser.

Si nous continuions à glisser sur la pente des déficits et des emprunts en pleine paix, nous courrions à bref délai vers une catastrophe financière.

Pour empêcher un tel désastre et redonner à la France un budget capable de suffire aux nécessités vitales du pays, nous avons tous besoin de nous souvenir des sacrifices que firent nos glorieux ancêtres dans la célèbre nuit du 4 août.

Marc MAUREL,

Ancien membre de la Chambre de commerce de Bordeaux.

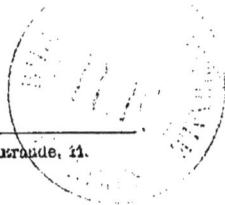

Bordeaux. — Imp. G. GOUNOUILHOU, rue Guiraude, 11.